AF247293

# DISCOURS

PRONONCÉ DANS L'ÉGLISE DE SAINT-VINCENT DE PAUL, LE 24 JANVIER 1865

AU MARIAGE DE

## M. Achille Haucourt

ET DE

## Mademoiselle Eugénie Sergent

PAR

## M. L'ABBÉ ROUX

CHANOINE HONORAIRE DE VALENCE, CURÉ D'ÉPÔNE

***

PARIS

ANC. MAISON BÉNARD. — IMP. SERINGE FRÈRES
2, place et passage du Caire, 2

1865

# DISCOURS

PRONONCÉ DANS L'ÉGLISE DE SAINT-VINCENT DE PAUL, LE 24 JANVIER 1865

AU MARIAGE DE

## M. ACHILLE HAUCOURT

et de

## MADEMOISELLE EUGÉNIE SERGENT

PAR

## M. L'ABBÉ ROUX

CHANOINE HONORAIRE DE VALENCE, CURÉ D'ÉPÔNE.

---



Monsieur, Mademoiselle,

Le jour tant désiré est enfin venu, l'heure que les tressaillements d'une joie surabondante auraient prématurément engloutie dans les abîmes du passé, cette heure solennelle vient d'être marquée par le doigt de Dieu, et les portes de ce temple majestueux se sont ouvertes devant vous. L'harmonie de nos divins accords s'est mise à l'unisson de ce cantique d'allégresse qui retentit dans le religieux silence de vos âmes. Les échos du sanctuaire vont donc rendre ce nombreux et sympathique auditoire témoin des promesses brûlantes qui n'ont été proférées jusqu'ici que dans les joies intimes de la famille et sous les yeux de ces parents bien-aimés dont la tendresse vous a ménagé ce bonheur.

Jaloux de donner à cette belle Cérémonie toute la pompe et la majesté qui sont le privilége de notre culte, vous n'avez pas craint cependant, Monsieur, et vous surtout, Mademoiselle, d'en diminuer l'éclat en appelant à l'honneur de bénir votre alliance un Prêtre étranger dans cette capitale, inhabile dans l'exercice d'un brillant ministère et dont la parole ne sait que s'accommoder d'ordinaire aux besoins peu exigeants d'un humble Sacerdoce.

Dans cette occurrence heureuse et significative, nous eussions tous gagné à entendre la voix du bienveillant et vénérable Pasteur de cette paroisse; vous eussiez recueilli les fruits de son expérience, et moi les leçons de son savoir fondé sur la pratique des plus douces vertus.

Mais si vous croyez, Monsieur et Mademoiselle, que mon amitié seule puisse suffire à la tâche que votre estime lui impose, laissez alors quelques instants mon cœur de Prêtre en communication avec vos âmes, non pour ralentir le feu de votre amour, mais pour le dégager de tous les éléments profanes qui pourraient nuire à la fusion complète de vos cœurs en un seul.

Je sais que vous avez puisé l'un et l'autre, Monsieur et Mademoiselle, dans le sein d'une famille chrétienne, le lait spirituel d'un saine doctrine. Inutile donc de vous apprendre que ces promesses faites au pied de nos saints Tabernacles ne peuvent être assimilées à l'un de ces contrats éphémères que détruit et annule le caprice ou l'intérêt des parties.

Dieu pouvait sans doute, au jour de sa manifestation première, créer l'homme et la femme par un acte simultané, ainsi qu'il l'a fait du reste pour les êtres inférieurs à nous ; mais comme il veut dès le principe rendre durable toute alliance conjugale, le Créateur emprunte à l'homme même la matière qui doit former le corps de la femme. Et cette gracieuse apparition, au milieu des voluptés de l'Eden, illumine de son sourire et de sa beauté la couronne qui manquait jusque là au chef-d'œuvre de la création.

Et c'est, affirme Bossuet, parce que Dieu veut donner aux époux chrétiens l'image de l'unité la plus parfaite et le symbole futur du grand mystère de Jésus-Chrit que le céleste Opérateur tire la femme de l'homme même et la lui donne au sortir d'une ravissante extase.

L'union que vous allez contracter était donc une chose sainte dès l'origine. Elle est devenue néanmoins bien plus sacrée depuis que le divin Époux l'a élevée à la dignité de Sacrement !

Mais vous saviez cette doctrine ; pardonnez-moi de vous l'avoir rappelée. Laissez-moi vous dire aussi, Monsieur, quels vont être désormais vos devoirs envers celle que Dieu, dans sa bonté, vous gardait pour compagne. Mais non ! je ne puis oublier que l'honneur et le devoir sont dans votre famille des vertus héréditaires et que vos aïeux, en exerçant la profession que vous avez vous-même embrassée, vous ont transmis aussi les heureuses qualités qui vous assurent l'estime et la confiance de tous.

Prenez donc cette jeune vierge, faites-en votre compagne inséparable. Mais voyez... quelle émotion oppresse le cœur de ce tendre père, de cette bonne mère, à la pensée du départ de leur enfant !.. Ils vous donnent leur fille, que leur vigilance a gardée pure ; avec elle vous emportez l'ange et la joie du foyer.

Ah ! si vous deviez mesurer votre dévouement, que ce soit à la hauteur de leur sacrifice !

Mère vénérable et pieuse qui n'avez pas compté avec les

fatigues du voyage et les rigueurs de la saison, pour venir
assister Monsieur votre fils dans un moment qui décide de
son avenir, soyez sans crainte : l'Épouse qu'il reçoit de notre
main fera revivre dans la pensée du fils le souvenir des vertus
de sa mère. Cette jeune personne, nous la savons pieuse et,
par son exemple, elle ramènerait son Mari, si besoin était,
aux pratiques religieuses de son enfance. Elle est douce,
affectueuse, aimant le travail et saura régler sa maison sur
le modèle de l'ordre et de l'économie qui règnent dans celle
de ses parents. Elle aime déjà son Époux parce qu'elle le
connaît et qu'on ne peut le connaître sans l'aimer.

N'est-ce pas, chère enfant, que vous êtes prête à renoncer
aux douceurs de la maison paternelle pour suivre votre Mari ?
Eh bien ! oui, partez ; mais vous ne serez pas seule avec lui,
gravissant le coteau qui domine nos fertiles campagnes. Et,
si vous pouvez découvrir à l'horizon la vue de cette capitale,
dites-vous : j'ai près de moi un cœur heureux et satisfait,
mais j'ai laissé là-bas d'autres cœurs que je ne puis consoler
qu'en leur continuant ma reconnaissance et mon amour.

Elle est grande en effet, ma chère enfant, votre dette vis-à-
vis des auteurs de vos jours, vous savez par quels rudes
labeurs votre digne père a non-seulement acquis le bien-
être qu'il donne à ses enfants, mais encore soulagé son vieux

père et secouru ses frères. Ah! j'aime en lui ces nobles parvenus de l'intelligence et du travail prolongé dans les veilles et les fatigues, et on doit aimer aussi dans le monde un homme (ils sont rares aujourd'hui) qui, dans sa pénible carrière, n'a jamais connu d'autres joies que celles qu'il puisait dans le sanctuaire domestique auprès de sa femme et de ses enfants. Il est vrai qu'il ne portait pas seul le fardeau des obligations conjugales, et dans sa justice, ma chère enfant, Monsieur votre père fait, vous le savez, une large part au dévouement de celle qui fut toujours de moitié avec lui dans la peine comme dans le succès.

Mieux que personne du reste vous pouvez, fille chérie, apprécier l'amour de votre bonne mère ; Dieu a renfermé dans son cœur des trésors, des raffinements de tendresse et de sollicitude. Une jeune mère n'apporte pas plus de soin à orner le berceau de son premier-né que la vôtre n'en a mis à embellir votre demeure nuptiale. N'oubliez donc jamais qu'une mère sera toujours la meilleure amie de sa fille. Et maintenant, ma chère enfant, suivez avec courage la voie qui vous est tracée. Par votre obéissance, vous doublerez aux yeux de votre époux le prix de votre candeur et de vos charmes. Soyez fidèle à son amour et, pour cela, restez fermement attachée à la religion de votre enfance. Jésus a présidé à vos noces, puisque vous l'avez reçu avant-hier dans votre cœur,

qu'il reçoive donc désormais et chaque jour le tribut de vos
adorations.

Dieu d'Abraham, d'Isaac et de Jacob, Dieu de notre jeu-
nesse, Dieu caché dans l'Eucharistie, Victime sainte qui allez
à ma parole, descendre sur cet autel et vous immoler pour
ces deux cœurs prêts à s'immoler l'un pour l'autre, bénissez
cette alliance et que ces nouveaux Époux vivent longtemps
ensemble, pour notre bonheur à tous, avant qu'ils parviennent
appuyés l'un sur l'autre à l'heureuse et éternelle béatitude.

*Ainsi-soit-il.*

Anc. Mon BÉNARD — Imp. SERINGE Fres, place du Caire, 2.